道友社
きずな新書
001

おやのことば おやのこころ 一

岡田正彦

天理教道友社

もくじ

＊本書の内容は、立教百七十年（二〇〇七年）の『天理時報』に連載されたものです。本文末尾の日付は掲載号を表します。

おやのことば　おやのこころ　㈠

おやのことば

「救けたいが親の心」

救《たす》けたいが親《おや》の心《こころ》可愛《かわい》が親《おや》の一条《じょう》、幾名《いくめい》何名《なんめい》あろとも可愛《かわい》が親《おや》の心《こころ》。

（おさしづ　明治21年10月）

新しい年が始まりました。

過ぎ去った年の出来事を振り返り、新たな年に思いを馳《は》せながら「おさしづ」を拝読していると、自然にこのお言葉が目に留まりました。

一年のうちには心弾むような日もあれば、落ち込む日もあるでしょう。自分の思うように事が運ぶときもあれば、予想もしなかった出来事に右往左往することもあるかもしれません。しかし、この世界は常に子供かわいい、たすけたいという親神様の親心に満たされているのです。

「救けたいが親の心可愛が親の一条」

身上や事情に悩み、神意を伺う人々に対して、「おさしづ」では同じようなお言葉を何度も繰り返して伝えられています。

人間が陽気ぐらしをするのを見て、ともに楽しみたいとの思召《おぼしめし》から創造

サザンカ

された世界。最初に産みおろされた小さな生命の成長を、親神様はいつも温かく見守ってこられました。そしていまも、この世界は「親の心」に基づいて存在しているのです。

今年もいろいろなことがあるでしょう。しかし、自分の都合を尺度として「なぜ」「どうして」と思い悩むのではなく、どのようなときも親神様の思召を尺度として毎日の出来事を受けとめ、喜びの心をつないでゆく。そんな一年にしたいものです。

（立教170年1月14日号）

おやのことば

「旬が来たなら生える」

一《ひと》つの種《たね》を蒔《ま》く。旬《しゅん》が来《き》たなら生《は》える。急《せ》いてはいかんで。

（おさしづ　明治22年7月24日）

お正月の神殿に参拝すると、家族連れの方々が目につきます。なかには、ようやく歩き始めたばかりの幼い子供の姿もあります。おぼつかない足取りで回廊を進む幼子を見守る大人たちは、心配そうに声をかけていますが、その表情は実に楽しそうです。

子供の成長は決して一様ではありません。早く歩き始める子供もいれば、ゆっくりしている子供もいます。ほかの子供の成長と比較したり、数値にこだわったりすれば、不安に思う日があるかもしれません。

しかし、この世界には、自分と同じ人間は一人もいません。一名一人《いちにん》の個性を持ちながら、どの人も等しく親神様のご守護を身に受けながら成長しているのです。

「旬が来たなら生える。急いてはいかんで」

ユキノシタ

生命は、人間が創《つく》り出したものではありません。わが子といえども、親神様のご守護があって初めてこの世界に生まれ、親神様の絶え間ないはたらきのもとで成長しているのです。先々を見据え、いろいろと心配するのも、親なればこその心づかいでしょう。しかし、人間思案ですべてのことを推し量ることはできません。

急ぐ心ではなく、天然自然に身を任せて、旬を待つ心。子供の成長ばかりでなく、何ごともこのように、ゆったりとした心で受けとめていきたいものです。

（立教170年1月21日号）

おやのことば

「案じると善い事は思やせん」

何《なに》も案《あん》じる事《こと》は無《な》い。案《あん》じると善《よ》い事《こと》は思《おも》やせん。今日《きょう》の事《こと》を案《あん》じれば来年《らいねん》の事《こと》も案《あん》じにゃならん。

（おさしづ　明治22年1月24日）

普段は意識していませんが、私たちは一瞬先の出来事でさえ、実際には予測することができません。

今日もいつもと同じように目が覚めて、食事を取り、仕事や学校へ出かけて、いつものように帰宅する。このような日常は、決して当たり前のことではないのです。だから、目覚めが良くなかったり、いつもと違って食欲がなかったり、職場や学校で何か問題があったりすると、急に不安になってくる。時には、先々のことまで思い悩むこともあるでしょう。

「何も案じる事は無い。案じると善い事は思やせん」

毎日「おさしづ」を拝読していると、何度も同じような表現に行き当たります。「おさしづ」を頂いた先人の方々も、きっと思い悩むことがあったのでしょう。未来を予測できない人間にとって、先を案じることは、逃《のが》

ピラカンサ

れがたい宿命なのかもしれません。

しかし、親神様の目から見れば、すべてのことには理由がある。この世界に生起する出来事は皆、親神様のご守護の現れなのです。

この真実に目覚めたとき、目前の世界に変わりはなくとも、心に映る世界が変わってくる。このとき初めて、悩みの種の尽きないこの世界の中で、今日一日を生きる力が湧《わ》いてくるのです。

（立教170年1月28日号）

おやの
ことば

「育てるで育つ」

育《そだ》てるで育《そだ》つ、育《そだ》てにゃ育《そだ》たん。肥《こ》えを置《お》けば肥《こ》えが効《き》く。

（おさしづ　明治21年9月24日）

わが家の小さな菜園では、昨夏の終わりに種を蒔《ま》き、育てた苗を地植えにした玉ねぎが寒風に耐えています。雨が降ったり、霜柱が立ったりすると、土が流れて倒れてしまいます。そんなときは、また土を寄せて植え直します。

きれいな袋に入れられて、スーパーの棚に並んだ玉ねぎを買っていたころには、一個の玉ねぎを収穫するのに、これほどの苦労があるとは夢にも思いませんでした。

蒔いた種から芽が出て、生命が成長するためには自然の恵み――親神様のご守護――が欠かせません。しかし、豊かな実りがもたらされるには、人間の側の努力と工夫も必要なのです。

「育てるで育つ、育てにゃ育たん。肥えを置けば肥えが効く」

スイセン

私たち人間は、自らの手で生命を創《つく》り出すことはできません。生命の成長にとって必要な太陽の光や水、空気といった自然の恵みも〝与えられたもの〟です。

とはいえ、ただ親神様のご守護に任せるだけでは、生命に備わった可能性を十分に引き出すことはできません。その旬を迎えるごとに、必要な丹精を続けることで初めて、立派な作物が収穫できるのです。

早朝の日差しを受けて、細々と立っている玉ねぎの苗に、今日も妻が声をかけています。

（立教170年2月4日号）

おやのことば

「ふしぃ無くば分からん」

ふしぃ無《な》くば分《わ》からん。どういう事《こと》あろうか、こういう事《こと》あろうか。ふしぃから芽《め》が出《で》る。

（おさしづ　明治32年1月17日）

いつもと同じ道を歩いていたり、いつもと同じように仕事をしたりしていても、ふとした瞬間に、過去のさまざまな出来事を思い出すことがあります。

立ち止まって振り返ると、人生は決して平坦《へいたん》ではない。去年も、おとどしも、その前の年にも大きな節目がありました。今日は昨日と同じ一日の繰り返しではなく、一日一日の始まりは新たなスタートラインでもあるのです。

ただ、毎日の暮らしの中では、どうしても今日一日の大切さを忘れてしまいがちです。仕事を始めたころの情熱や、学校に入学した当時の希望や目標、信仰上の心定めなど、人生の節目において仕切った気持ちが、日常生活の中で次第に薄れていくことは少なくありません。何か特別な出来事に直面することで、「当たり前」の毎日が、決して「当たり前」ではないと、あらためて気がつくのです。

「ふし無くば分からん」

人生の節目に出合ったとき、人は「どういう事あろうか、こういう事あろうか」と思い悩み、先々のことを心配するでしょう。しかし、どのような問題も「ふしから芽が出る」と積極的に受けとめ、「当たり前」の日常に感謝し、一日一日を新たな気持ちで生きていく。教祖を通して、私たちに教えられているのは、このような喜びに満ちた人生なのです。

（立教170年2月11日号）

おやのことば

「うたていな〳〵思えば、理が回る」

身《み》の処《ところ》十五才《さい》まで第《だい》一の事情《じじょう》、子供《こども》取《と》ったり育《そだ》て子《こ》も育《そだ》つ。情無《なさけな》い、うたていな〳〵思《おも》えば、理《り》が回《まわ》る。

（おさしづ　明治25年8月8日）

この「おさしづ」を拝読していて、何げなく妻に尋ねてみました。

「〝うたてい〟って、どういう意味かな？」

「〝面倒な〟とか〝うるさい〟っていう意味よ」

古語に属する言葉だと思っていたので、すぐに返答されて驚いたのですが、奈良県出身の彼女にとっては、子供のころからよく耳にしていた言葉のようです。

「情無い、うたていな〳〵思えば、理が回る」

幼い子供と遊ぶのは本当に楽しい。でも、子供の世話を毎日続けることは、決して容易ではありません。時にはストレスを感じることもあるでしょう。子育て自体を楽しめない、そんな日もあるかもしれません。

しかし、このような親の感情は、子供が感じ取るばかりでなく、親神様にも伝わっているのです。

　この道を信仰する私たちには、朝に夕に心を親神様のほうへ向け、教祖を通して伝えられた教えをもとに、自分を振り返る貴重な時間があります。真実の親に率直な気持ちを伝えて、自らを反省するとき、心のわだかまりが解けてゆくのを感じませんか。

　どうしても感情をコントロールできないときは、そっと手を合わせてみましょう。いまここに、生かされて在ることへの感謝と喜びを感じたとき、きっと心は軽くなっているはずです。


（立教170年2月18日号）

おやのことば

「さあ〳〵楽しめ〳〵」

さあ〳〵身《み》の内《うち》の障《さわ》り、痛《いた》み悩《なや》みは神《かみ》の手引《てびき》とも諭《さと》したる。さあ〳〵楽《たの》しめ〳〵。

（おさしづ　明治28年3月18日）

おぢばは多くの人々が集まる場所です。普通に道を歩いていても、時に懐かしい人に出会って、時間を忘れて話し込むことがあります。ほとんどは近況を伝え合い、昔話に花を咲かせるのみですが、不惑を過ぎてからというもの、互いの体形や体調、家族や仕事の話題が多くなってきました。

時には、大きな身上や事情に直面し、悩みながらも「ふし」を乗り越えようとしている姿に接して、胸を打たれることがあります。年齢を重ねてくると、思いもよらない「ふし」に出合う機会が増えてくる。しかし多くの人が、その「ふし」を力強く前向きに受けとめていることに、感激することが少なくありません。

「痛み悩みは神の手引とも諭したる。さあ〳〵楽しめ〳〵」

現れてくる出来事をすべて親神様の「手引き」と受け取り、いまここに生かされて在ることに喜びを見いだす。このような信仰が、この人たちの人生を支えているのでしょう。

大きな身上や事情に直面したとき、人はしばしば「なぜ」「どうして」と同じ問いを繰り返し、答えを見つけることができなくなります。しかし、そこに親神様の深遠な思召《おぼしめし》を感じるとき、今日一日を生きる力が湧《わ》いてくるのです。

「さあ〳〵楽しめ〳〵」といった境地には程《ほど》遠いですが、今日もまた頑張りましょう。

（立教170年2月25日号）

おやのことば

「春が来れば花が咲く」

春《はる》が来《く》れば花《はな》が咲《さ》く。心《こころ》に一《ひと》つ理《り》を持《も》ってくれるよう。

（おさしづ　明治23年12月18日）

週末に家の周りを散策していると、早くも、ふきのとうを見つけました。まだ冬枯れの草木に覆《おお》われている斜面の片隅に、目にも鮮やかな若草色の花芽が顔を出しています。

「春が来れば花が咲く。心に一つ理を持ってくれるよう」

原文は、身上について伺った「おさしづ」の一節です。家族の患いや自身の体調不良、職場や学校での人間関係の悩み、将来への不安など、心にかかる事柄があると、毎日の生活自体が重苦しく感じられ、明るい希望を持てなくなることもあるでしょう。

しかし、冬が過ぎて春が来れば、必ずまた花は咲きます。本当はどんなときでも、小さな喜びの芽が、そこかしこに顔を出しているのです。

教祖の教えをもとに、現在の自分と世界を見つめ直すなら、いまここに生きているという最も当たり前のことでさえ、大きな喜びになるでしょう。人間思案に曇った心の眼鏡を掛け替えるとき、昨日までと変わらない日常の至るところに、たくさんの喜びが芽吹いていることに気がつくのです。

暖かな早春の日差しの中で散歩をしていると、すっかり葉の落ちた落葉樹の枝先に、膨《ふく》らみかけた小さな蕾《つぼみ》を見つけました。

春はもう、すぐそこまで来ています。

（立教170年3月4日号）

おやのことば

「我が事と思てくれ」

何程《なにほど》、どうしてやろこうしてやろと思《おも》たて、皆《みな》そも〳〵ではどうもならん。皆人《みなひと》の事《こと》とも思《おも》わず、我《わ》が事《こと》と思《おも》てくれ。

（おさしづ　明治33年9月21日）

お道の教えには、きわめて平易な言葉によって表現された、シンプルなメッセージが少なくありません。特に「一れつきょうだい」や「互い立て合いたすけ合い」といった言葉は、どの人にも共感をもって受け入れられることでしょう。

しかし、言葉にするのは簡単でも、実際に教えを実行するのは容易ではありません。親子や夫婦のような近しい間柄でも、教えの実行どころか、時には深い溝ができてしまうことさえあります。ましてや、地球の反対側に住むまだ見ぬ人々の人生について、本当の「きょうだい」のように共感することはできるでしょうか。

互いにたすけ合うことが、人生にとって大切だということは、きっと誰《だれ》でも理解できるでしょう。しかし、このシンプルな教えを実行に移すことは、決して簡単なことではありません。どうしても自分中心の考えや行いが先立ってしまうのは、私だけでしょうか。

「皆人の事とも思わず、我が事と思てくれ」

「一れつきょうだい」や「互い立て合いたすけ合い」といった言葉は、絵に描いた餅《もち》ではなく、自ら実行するための教えです。このことを教祖は、五十年のひながたを通して伝えてくださいました。この深い親心を忘れてはならないでしょう。

（立教170年3月11日号）

おやのことば

「銘々の身の行いと言う」

人《ひと》に諭《さと》す処《ところ》、銘々《めい〱》の身《み》の行《おこな》いと言《い》う。めん〳〵も今《いま》まで知《し》らず〳〵して通《とお》り来《き》てあると。

（おさしづ　明治21年6月8日）

洋風のダイニングテーブルで食事をしていると、肘《ひじ》をついて食事をする子供の姿が気になります。私たちが幼いころに囲んでいた卓袱台《ちゃぶだい》では、肘をついて箸《はし》を持つことなど不可能でしたが、大人用のダイニングテーブルは、小学生の身長には少し高すぎるのかもしれません。

食事のたびに同じ指摘を繰り返し、時には声を荒らげることもありますが、あるとき風呂上がりにビールを飲んでいると、逆に娘から注意を受けました。気がつかないうちに、片肘をついてグラスを傾けていたようです。

他人の行いはすぐ目につきますが、自分の行いについては、つい見過ごしてしまう。子供にマナーを諭す前に、まず自らのあり方を問い直す必要があるようです。

「人に諭す処、銘々の身の行いと言う」

人は自分の姿を鏡に映し出す以外に、自分自身を見ることはできません。いつも目に入ってくるのは、自分以外の他者の姿です。他人の行いを評価する前に、その姿を通して、自分自身を省みる姿勢を忘れてはならないでしょう。このような意識をもった人の助言や忠告は、きっと相手の心にも素直に伝わるはずです。

気持ち良さそうに寝息を立てている子供の寝顔を見ながら、自らの成人の鈍さを反省する毎日です。

（立教170年3月18日号）

おやのことば

「優しい心神の望み」

どんな事《こと》も心《こころ》に掛《か》けずして、優《やさ》しい心神《こころかみ》の望《のぞ》み。悪《あつ》気《き》々々《〱》どうもならん。

（おさしづ　明治34年3月7日）

若い女性に理想の男性像を尋ねると、「やさしい人」と答えるケースが少なくありません。

ところが、どのような人が「やさしい人」なのかと聞くと、人によって答えは違ってきます。言葉づかいの柔和な人を優しいと感じる場合もあれば、率直に何でもはっきり言ってくれることを優しさだと感じる人もあるでしょう。もしかしたら、もっと違った優しさを求める人もあるかもしれません。

「優しい心神の望み」

親神様は、私たち一人ひとりが「優しい心」になることを望んでおられます。しかし、本当の優しさとは、どのようなことなのでしょうか。

原典や「ひながた」の中に散りばめられたヒントをもとに、親神様・教祖の望まれる優しさについて考えるとき、少なくとも、ただ物腰が柔らかいことや甘やかすことが、優しさだとは言えないような気がします。厳しさの中に優しさを感じるようなお言葉や逸話も少なくありません。

身上や事情の相談を受けたり、子供が人生の転機を迎えたりすると、どのような優しさが、いま、この人に必要なのかと迷うことがあります。

このようなときこそ、原典や教祖伝を繙《ひもと》きましょう。あるべき人生の指針が、必ずそこに見つかるはずです。

（立教170年3月25日号）

おやのことば

「皆一つに」

銘々《めい〱》に一《ひと》つ〱の心《こころ》あっては治《おさ》まらん。皆《みな》一《ひと》つに。

（おさしづ　明治22年3月3日）

雨の日に傘を忘れたとき、走るのと歩くのとではどちらが濡《ぬ》れないか？高校生のころ、友人たちと真剣に話し合ったことがあります。いろいろな意見が出ましたが、同じ距離を移動するのであれば、走るほうが時間を短縮できるので、体に受ける雨の量は少ない。だから、走るべきではないかという意見にまとまりかけました。

ところが、走ると前から吹きつける風に当たって、かえって雨に濡れるのではないかという反論が出て、また振り出しに戻りました。

Aの選択とBの選択、どちらを選ぶべきか。考えれば考えるほど、また話し合えば話し合うほど、どちらが正解なのか分からなくなる。こういう行き詰まった状況について伺った「おさしづ」があります。その多くの場合、皆の心を一つにすることの大切さが強調されているようです。

「銘々に一つ〳〵の心あっては治まらん。皆一つに」

結果や効率だけを合理的に考えるなら、何が正しい選択肢《せんたくし》なのか、決められないことも多いでしょう。

しかし私たちは、人間思案を超えた、深遠な親神様のご守護の世界に暮らしています。効率の良い選択をすることばかりにとらわれず、親神様の不思議なはたらきが現れてくるような生き方を求めることが大切なのです。

（立教170年4月1日号）

おやの
ことば

「人が勇めば神も勇む」

生涯《しょうがい》のさしづして置《お》く。人《ひと》が勇《いさ》めば神《かみ》も勇《いさ》むという。
（おさしづ　明治22年3月17日）

人生には浮き沈みの繰り返しがあり、良い時期もあれば、あまり良くない時期もあります。

太古の昔から、人間はこのリズムに気づいて、運命を把握《はあく》することによって、より良き人生を送る努力を続けてきました。

正確な周期で運行する天体の動きに人生のリズムを重ね合わせたり、易《えき》や八卦《はっけ》のような複雑なシステムを作り出したりすることで、人々は運命を予測しようと試みてきました。

また、バイオリズムを科学的に研究する営みもあるようですが、なかなか確実なことは言えないようです。

人が人生のリズムを知りたがるのは、困難に耐える準備を整え、将来に希望を見いだしたいがためでしょう。紆余曲折《うよきょくせつ》の人生を歩む人間の一人と

ネギボウズ

して、その心情は理解できます。

とはいえ、親神様の思召《おぼしめし》にふれた私たちには、もう一歩先へ進んだ生き方が求められているのではないでしょうか。

「人が勇めば神も勇むという」

与えられた幸運を喜び、不運を嘆くばかりでなく、いまここにある自分の人生を、喜び勇んで生きるところに、親神様のご守護が現れてくるのです。

勇むことのできない状況の中で、勇んで生きるのは難しいことです。しかし、私たちには、運命を諦《あきら》めるのではなく、運命を変えていく道が教えられているのです。


（立教170年4月8日号）

おやのことば

「成らん処救けるが神の理」

成《な》らん処《ところ》救《たす》けるが神《かみ》の理《り》。成《な》る処《ところ》救《たす》けえでも、先々《さき〳〵》も治《おさ》まる、思《おも》う処《ところ》も治《おさ》まる。

（おさしづ　明治32年10月18日）

将来の計画や予定を立てることが好きで、若いころからよく、毎日のスケジュールや今後のプランを机の周りや本棚に貼《は》りつけては、自分を鼓舞《こぶ》してきました。

コンピューターを使うようになってからは、デスクトップ（最初の画面）にメモを貼りつけるソフトを使っていますが、それでも部屋中が貼り紙でいっぱいになってしまいます。

ほとんどが無理な計画や目標なので、いつも予定の半分くらいしか実現できません。それでも毎日貼り紙を見続けているうちに、少しずつ目標の実現に近づいていくものです。

人間の計らいによって実現可能な事柄は、創意工夫や努力を積み重ねることによって、必ず成果が表れてきます。だからこそ、将来に希望を持つ

アセビ

ことが可能なのです。

しかし、人生行路においては、人間の計らいを超えた、どうすることもできない事態に直面することが少なくありません。

自分の力だけを過信する人は、どうにもならない事態に直面したとき、不運を嘆いて、望みを失うことになるでしょう。しかし、この道の信仰は、このような「ふし」に直面したときにこそ真価を発揮します。

「成らん処救けるが神の理」

私たちには、いかなる場合も絶望することなく、今日を生きる希望が常に与えられているのです。


（立教170年4月15日号）

おやのことば

「旬々の理を見て蒔けば皆実がのる」

寄《よ》り来《く》る処《ところ》、日々《にち〳〵》種《たね》を蒔《ま》く、一《ひと》つ種《たね》を蒔《ま》く。旬々《しゅん〳〵》の理《り》を見《み》て蒔《ま》けば皆《みな》実《み》がのる。旬《しゅん》を過《す》ぎて蒔《ま》けばあちらへ流《なが》れ、遅《おく》れてどんならん〳〵、とんとどんならん。

（おさしづ　明治22年7月31日）

桜の見ごろも終わりに近づき、冬の間は閑散《かんさん》としていた近所の田畑にも人の気配が戻ってきました。また、農事の忙しい季節がやって来ます。

わが家の小さな菜園でも、妻が今夏の栽培計画を考えているようです。

自分で育てた野菜を朝摘《づ》みし、サラダや味噌《みそ》汁の具などに使うようになって気づいたことは、どんなものにも旬があるということです。本を読んだり、近所の人に相談したりしながら種を蒔《ま》いて、育てた苗を植え替える。豊かな実りを得るためには、旬を見極め、旬を外さないことが必要です。

「日々種を蒔く、一つ種を蒔く。旬々の理を見て蒔けば皆実がのる」

私たちの人生にも、さまざまな旬があります。毎日の生活の中で直面する出来事を通して、もう少し親神様のほうへ心を向け直すべき旬が来ていると、感じることも少なくありません。しかし、つい目先の都合を優先し

ムラサキハナナ

て、心を定めることができないのは、私だけでしょうか。

先日、二年以上も前から机の上に置いてあった「三日講習会」の願書を、やっと提出しました。「ようやく旬が来た」と自分に言い訳する一方で、自分の都合を優先するのではなく、旬を外さない努力をする大切さを痛感しています。

（立教170年4月22日号）

おやのことば

「春の日はのどか」

一日《にち》の日《ひ》雨《あめ》降《ふ》る、風《かぜ》吹《ふ》く、春《はる》の日《ひ》はのどか。一年中《ねんぢゆう》はどんな日《ひ》もある。

（おさしづ　明治22年5月7日）

久しぶりの晴天に恵まれた先日、戸外でペンキ塗りをしました。数年前に自分で組み立てた小さなウッドデッキは、毎年ペンキを塗り直さないと木が腐ってしまうからです。

作業に集中していると、暖かい日差しにつられて、子供たちも外へ出てきました。菜の花やタンポポの鮮やかな黄色が眩《まぶ》しくて、思わず目を細めてしまいます。本当に、のどかな春の一日です。

でも、一年中が穏やかな春の日ではありません。時には嵐《あらし》の日もあるでしょう。ごく普通の生活を送ってきた私たちの人生を振り返ってみても、涙が涸《か》れるほど泣いた日もありますし、疲れ果てて心を倒した日もありました。

「一日の日雨降る、風吹く、春の日はのどか。一年中はどんな日もある」

レンゲソウ

雨の日もあれば、晴れの日もある人生の中で、どのようなときも親神様のご守護に感謝し、生かされて在る喜びを感じられることが、信仰の素晴らしさではないでしょうか。

草花の周囲を駆け回っている子供たちの姿を見ていると、これまでいろいろな日があった中で、今日の幸福を感じられることの喜びが湧《わ》いてきます。幸運に恵まれることよりも、幸福を感じられる人生を歩んでもらいたい。そう願いながら、静かに手を合わせました。

（立教170年4月29日号）

おやのことば

「苦労は楽しみの種」

苦労《くろう》は楽《たの》しみの種《たね》。どうでもこうでも楽《たの》しみ働《はたら》けば、これ種《たね》と成《な》る。よう聞《き》き分《わ》け。

（おさしづ　明治33年12月22日）

毎日「おさしづ」を拝読していると、読み返すだけで勇気が湧《わ》いてくるような、力強い励ましのお言葉に出合うことが少なくありません。今回のお言葉は、その代表的なものの一つではないでしょうか。

「苦労は楽しみの種。どうでもこうでも楽しみ働けば、これ種と成る」

心配な出来事や将来への不安、つらい事情や長患いなどに向き合い続けていると、次第に疲れがたまってきて、前向きな気持ちを失うこともあるでしょう。しかし、どのようなときも、親神様は私たちを温かく見守り続けておられるのです。

同じ「おさしづ」には、「先は神が引き受けて居る。案じる事要《い》らん」とか、「難儀さそう不自由さそうは無い。（中略）どんな事も勇んでくれるよう」といった、励ましのお言葉が並んでいます。

身上や事情に直面している本人にとっては、目の前の状況が、全く出口の見えない袋小路のように感じられることもあるでしょう。しかし、親神様の目から見れば、あらゆる人々に陽気ぐらしの可能性が与えられているのであり、教祖を通して私たちには、一人ひとりの運命を切り替えていく道が教えられているのです。

人生に行き詰まったときこそ、「おやのことば」に目を向けてもらいたい。今日一日を生きる勇気が、必ず与えられるはずです。

（立教170年5月6日号）

おやの
ことば

「めん〳〵も神の子供」

めん〳〵も神《かみ》の子供《こども》、世界中《せかいじゅう》は同《おな》じかりもの。

（おさしづ　明治20年）

結婚して子供に恵まれ、曲がりなりにも家庭を築いて毎日を暮らしながら感じることは、人生のパートナーである妻や子供たちが、かけがえのない存在であるということです。

特に子供の存在は、ほかのものに代えることができません。若いころには、このような親の気持ちを意識しませんでしたが、自分が親の立場になってみて初めて、その時々の親の思いに気がつくようになりました。子供は意識していなくても、親はいつでも子供の成長を気にかけているものなのです。

「めん〳〵も神の子供、世界中は同じかりもの」

この世界と人間を創造し、人間の成長をずっと見守り続けてきた親神様も、私たち一人ひとりの存在に絶え間ない親心を注がれています。たとえ思い通りにならないことが多く、苦労が絶えないと感じる人生であったとしても、すべては人間を「陽気ぐらし」へと導かれる親心の現れなのです。困難に直面して、自分の人生に価値を感じられなくなったときには、思い出してください。親神様の目から見れば、どの人も同じ「神の子供」であり、かけがえのない存在なのだということを……。

この親心を意識するとき、私たち一人ひとりの人生は、どんなときにも素晴らしい価値を持っているということに、あらためて気がつくはずです。

（立教170年5月13日号）

おやのことば

「拝み祈祷するやなし」

何程《なにほど》の事《こと》と言《い》うても拝《おが》み祈祷《きとう》するやなし、たゞ一寸《ちよつと》話聞《はなしき》いて、成程《なるほど》という心《こころ》なら、身《み》の処速《ところすみ》やかなものや。どんな事《こと》も心通《こころどお》りや。

（おさしづ　明治20年）

ひと足早く真夏のような気温が続き、電車や建物の中はすでに冷房が効いています。なかには肌寒いほどの場所もあって、もう必要ないと思っていた上着が役に立つことも少なくありません。

人間は、自らの知恵や工夫によって自然に働きかけ、時には環境を作り変えながら、快適な生活を追い求めてきました。その恩恵を受けて、夏には涼しく冬には暖かく暮らすことができ、眠っている間に目的地に着き、命を脅《おびや》かす伝染病の広がりを事前に抑えるといった、古代の人々の願いを実現した豊かな世界に私たちは暮らしています。

かつて人々が神仏に求めた恩恵の多くは、現代の科学技術文明によって実現され、信仰を過去の遺物のように考える人もあるでしょう。

しかし、教祖を通して伝えられているのは、人々の願いを実現するだけの信心ではなく、私たち一人ひとりが、親神様の思召《おぼしめし》に即した本来の人間のあり方を実現する信仰なのです。

「拝み祈禱するやなし、たゞ一寸話聞いて、成程という心なら、身の処速やかなものや」

願いごとを叶《かな》えるために「拝み祈禱」をするのではなく、教えをもとに自分と世界を見つめ直し、親神様の思召に即した心づかいと生き方を真摯《しんし》に求めるとき、鮮やかなご守護の世界に初めてふれることができるのです。

（立教170年5月20日号）

おやのことば

「生まれ児には思わく無い」

さあ〳〵心《こころ》は今日《きょう》生《う》まれた人《ひと》の心《こころ》に替《か》えて了《しま》え。生《う》まれ児《こ》には思《おも》わく無《な》い。

（おさしづ　明治40年1月16日）

時の流れは早いもので、もうすぐ結婚二十年目を迎えます。いま振り返ると、最初は「ままごと」のような夫婦でしたが、二人で暮らし始めてすぐに感じたことは、それぞれが生まれ育った環境のもとに形づくられた生活習慣や考え方は、簡単に変えることができないということです。

わが家の場合、まず、ご飯の炊き方でもめました。妻は少し硬めに炊いたご飯を好みますが、私はいまでも軟らかめが好きです。一緒に生活していると、こんな些細《ささい》なことが気になります。

ともに暮らしていくためには、こうした小さな溝を少しずつ埋めながら、互いに理解し合うことが大切でしょう。でも、時には小さなすれ違いが積み重なって、大きな亀裂を生じることがあるかもしれません。

「生まれ児には思わく無い」

自分の身についた習慣や考え方を相対化し、他人の生き方を受け入れることは決して容易ではありません。どうしてもわだかまりを捨てられないときは、心を親神様のほうへ向けてみることです。遥《はる》か昔から、私たち人間の成長を見守り続けてきた親心を感じるとき、自分の思いや考え方に対するこだわりが、些細なことに思えてくるはずです。

〝今日生まれた人の心〟になって物事を見つめ直すなら、少しは相手を理解し、自分を反省することもできるのではないでしょうか。

（立教170年5月27日号）

おやのことば

「良い日は良い」

良《よ》い日《ひ》は良《よ》い、悪《わる》い日《ひ》は悪《わる》い。

（おさしづ　明治32年9月1日）

風邪や小さなケガのような身上は、いったん快方へ向かうと、どんどん良くなるものです。

ところが、入院を必要とするような病状の場合は、そう簡単にはいきません。風邪でも一度こじらせてしまうと、朝は気分が良くても、夕方にはまた熱が出るというように、長引くことが少なくないようです。

このようなとき、毎日を前向きな気持ちで暮らすことはなかなか難しいものです。状態の良いときには先のことを心配し、状態の良くないときには肩を落としてしまいがちです。

一瞬先のことでさえ予測できない人間にとって、先々の不安を払拭《ふっしょく》し、現在の自分の決断に自信を持つのは、きわめて難しいことなのかもしれません。

しかし、この世界に生起する出来事は、すべて親神様のご守護の現れだと気がつくとき、心の向きが変わってきます。

「良い日は良い、悪い日は悪い」

目先の出来事に翻弄《ほんろう》される人間思案にとらわれていると、なかなか心に明るさは生まれてきません。しかし、親神様のご守護は、私たちの心通りに現れてくるのです。状態の良いときには、親神様のご守護に感謝して素直に喜び、状態の良くないときには、親神様のご守護を信じて先を楽しみましょう。

このような意識の転換が、私たちの人生を変えてくれるのです。

（立教170年6月3日号）

おやのことば

「世話取りせにゃならん」

さあ〳〵、一粒《ひとつぶ》の種《たね》を蒔《ま》く日《ひ》から、出来芽《できめ》が吹《ふ》くか。あちらへ肥差《こえさ》し、こちらへ肥差《こえさ》し、世話取《せわど》りせにゃならん。

（おさしづ　明治34年11月21日）

山々の緑が深まり、いよいよ本格的な農作業のシーズンがやって来ました。

山間部へ移り住み、農事を身近に感じるようになって分かったことは、種蒔《ま》きと収穫だけが農業ではなく、むしろ作物の成長段階に手間がかかるということです。

田畑の草刈りや雑草取りなどは、毎日続けていないと、すぐに荒れ地のようになってしまいます。それでもわが家の菜園が、まるで箱庭のようにきれいに片づいているのは、妻が休みなく世話取りを続けているからです。

「あちらへ肥差し、こちらへ肥差し、世話取りせにゃならん」

店頭に商品として並んでいる野菜ばかりを見ていると、作物の収穫の背景に、このような人々の努力と工夫があることを忘れてしまいがちです。

親神様のご守護は常に変わることなく、この世界のあらゆるところに満ちあふれています。しかし、豊かな実りを得るためには、親神様のはたらきを十分に生かす工夫も必要なのです。

春先に植えたジャガイモの種芋《たねいも》は、ほとんど芽を出さないので諦《あきら》めていましたが、妻が毎日せっせと足を運んだためでしょうか、どうやら少しは収穫できそうです。

親神様のご守護にもたれる心は何より大切ですが、自然の恵みを引き出す努力も忘れてはならないでしょう。

（立教170年6月10日号）

おやの
ことば

「人間の心を以てするから」

皆《みな》さしづ、さしづする。これまで人間《にんげん》の心《こころ》を以《もつ》てするから、
纏《もつ》れ纏《もつ》れて持《も》ちも提《さ》げもならんようになる。

（おさしづ　明治28年5月22日）

先日、草刈りをしているとき、急に機械が動かなくなりました。エンジンを止めて確かめると、何かビニールの糸のようなものが絡《から》みついているようです。

草だけを刈っているつもりでも、草むらに落ちている袋や紐《ひも》などが草刈り機の動きを止めることがあります。いつもはすぐに動きだすのですが、今回は、回転刃の芯《しん》にビニール繊維が巻きついているようで、全く動く気配がありません。なんとか糸口を探すのですが、見つけたと思った糸口が切れていたり、ほかの部分に絡みついていたりして、結局、刃を外して取り替えることになりました。

「人間の心を以てするから、縺れ縺れて持ちも提げもならんようになる」

絡み合い、縺れ合った糸は、端々に顔を出した糸先や小さな縺れを直すだけでは解きほぐせません。人の心や思いがすれ違う場合も、それが幾重にも積み重なると、縺れを解くことは難しくなります。目先の事柄だけを考えていると、解決の糸口と思われたものが、逆に問題を複雑にすることもあるのです。

こんなときには一度、人間思案を離れて、親神様の思召《おぼしめし》に心を向けてみることです。すべての出来事は、親神様の親心の現れであるという真実を心の底に感じるとき、これまで気づかなかった解決の糸口が、自然と見えてくるのではないでしょうか。

（立教170年6月17日号）

おやの
ことば

「誠が天の理や」

誠《まこと》が天《てん》の理《り》や。天《てん》の理《り》にさえ叶《かな》えば、何処《どこ》に居《い》ても道《みち》が付《つ》くで。

（おさしづ　明治20年7月）

以前、若い人たちと「私の考える誠真実の人」について話し合う機会がありました。「誠真実の人」だと思う人物を、それぞれ紹介してもらいましたが、少しホッとしたのは、彼らが友人や知人、家族といった身近な人たちを挙げたことです。

早朝から家族のために頑張っている父母や、教会への日参を欠かさない祖母といった、周囲の人々の日常生活の姿に、彼らは親神様の思召《おぼしめし》に応《こた》える「誠真実」の生き方を感じていたのです。

このような気持ちでお互いを理解し合うのなら、きっと温かな家庭や豊かな友人関係を築くことができるでしょう。

「誠が天の理や。天の理にさえ叶えば、何処に居ても道が付くで」

教祖を通して伝えられた親神様の教えは、その内容を学び、知識として理解するだけではなく、毎日の生活の中で、教えを〝生きる〟ために伝えられたものです。この教えを、さらに多くの人々へ伝えていくためには、まず自分自身が親神様の思召に応えられる毎日を生きているのかどうか、常に教えに照らしながら問い直していく必要があります。

あなたの周囲に「誠真実の人」はいますか？

もちろん、私たちの求める信仰の理想は教祖のひながたですが、身近な人の「誠真実」を素直に感じられたとき、きっと梅雨空に広がる晴れ間のように、さわやかな気持ちになるはずです。

（立教170年6月24日号）

おやの
ことば

「遥か心持って」

他人《ひと》の事思《ことおも》うやない。遥《はる》か心持《こころも》って、日々《にちにち》楽《たの》しみという心治《こころおさ》めてみよ。

（おさしづ　明治31年11月12日）

夫婦喧嘩《げんか》や友人間のトラブルなどの仲裁《ちゅうさい》で一番難しいのは、お互いが相手のことを思いやり、相手のために行動していると考えているケースです。このような場合には、相手を思う発言や行動が、かえって両者の溝を深めてしまうことも少なくありません。

私の場合は、近ごろよく話題に上っている「メタボリック・シンドローム」が気になる体形と食生活について、しばしば妻に注意されています。しかし、夫の健康を気づかう優しい妻の忠告を、いつも素直に受けとめることは難しい。相手の意見が正しく、自分の健康を心配してくれていると分かってはいても、なかなか素直にはなれないものです。

「他人の事思うやない。遥か心持って、日々楽しみという心治めてみよ」

人と人との関係だけを考えていては、目の前にいる相手の忠告や意見に

ガクアジサイ

耳を傾けることはできません。どうしても素直になれないときは、人間思案を遥かに超えた、親神様の存在に心を向けてみることです。目の前に見えている自分と相手の姿ではなく、この世界のすべてを成り立たしめる親神様のご守護に思いを馳《は》せるなら、小さな心のわだかまりは無意味に思えてくるでしょう。

このように、大きな心になって他人の意見を素直に受け入れられるようになりたいものです。

（立教170年7月1日号）

おやのことば

「内々のほこりが見えん」

よそのほこりは見《み》えて、内々《うち〱》のほこりが見《み》えん。遠《とお》くは明《あき》らか。近《ちか》くはうっとしい。

（おさしづ　明治24年11月15日）

いつものように朝食を頂いて、子供の顔を見ると、口のまわりにチョコレートがついています。どうやら食パン用のチョコレートを、たくさん塗りすぎたようです。笑って注意すると、本人も笑って拭《ふ》き取りました。

そのまま家を出ようとしたのですが、今度は私が妻に呼び止められて、前歯にサラダの断片が挟《はさ》まっていると指摘されました。急いで鏡を見ると、確かに野菜の切れ端がこびりついています。

「よそのほこりは見えて、内々のほこりが見えん」

後日「おさしづ」を拝読していて、今回のお言葉が目に留まり、この日の出来事を思い出しました。

自分以外の人の姿は眺《なが》められますが、自分の姿を自分の目で見ることはできません。他人の欠点にはすぐに気がついても、自分の欠点を反省する

ネジマキソウ

のは難しいものです。自分の姿を正しく見つめるためには、自らを映す鏡が必要でしょう。

自分勝手な判断や世間の常識ではなく、教祖を通して伝えられた親神様の教えに照らし合わせて、自らのあり方を見つめ直すとき、初めて自分自身と真っすぐに向き合うことができるのです。

しかしながら、写真に撮った自分の姿や録音した自分の声は、なかなか自分自身のようには感じられません。教えに照らし合わせたときに浮かび上がってくる自分の姿を、そのままに認める素直さも必要なのではないでしょうか。

（立教170年7月8日号）

おやのことば

「日が経ち、月が経てば忘れる」

聞《き》けば当分《とうぶん》一時《じ》の処《ところ》に治《おさ》まる。なれど日《ひ》が経《た》ち、月《つき》が経《た》てば忘《わす》れる。めん〱勝手《かって》、めん〱の理《り》、事《じ》情《じょう》で皆《みな》忘《わす》れる。

（おさしづ　明治25年5月14日）

子供のころから、本を読んだり、考えごとをしたりするのが好きで、しばしば周囲の人たちから「ボーッとしている」と指摘されることがありました。

そのせいでしょうか、仕事中はもとより、家の周りの草刈りや食事の支度などで忙しくしている最中に、全く関係のない過去の出来事が頭に浮かび、知らないうちに手を止めていることがあります。時には思わず声を出してしまうこともあるのですが、その場合、忘れてしまいたい恥ずかしい思い出や、後悔している出来事について、考えていることが多いようです。

「聞けば当分一時の処に治まる。なれど日が経ち、月が経てば忘れる」

自分に都合の悪いことには蓋《ふた》をし、自分に都合の良いことばかり覚えているのは、人間の性分の一つなのかもしれません。

ホタルブクロ

しかし、この道に引き寄せられ、親神様のほうへ心を向けていくきっかけとなった元一日については、たとえそれが思い出しにくい出来事であったとしても、何か機会があるごとにこれを振り返り、反省を繰り返すことが必要でしょう。「めん〳〵勝手、めん〳〵の理、事情で皆忘れる」といったことがないように、いつも心がけたいものです。

私の場合、朝夕のおつとめの際に、絶えず心に思い返すようにしていますが、皆さまはいかがでしょうか。

（立教170年7月15日号）

おやのことば

「心通りのこの守護」

心通《こころどお》りのこの守護《しゅご》を、十分《ぶん》のたんのうの心《こころ》以《も》ちて早《はや》く定《さだ》め。日々《にち〱》案《あん》じるから、一時《じ》ならん。早《はや》く聞《き》き取《と》れ。十分《ぶん》であると心定《こころさだ》め。

（おさしづ　明治21年7月20日）

夏休みを目前に控えて、子供たちが通知簿を家に持ち帰る時期が近づいてきました。胸を張って得意げに家路を急ぐ子もいれば、少し足取りの重い子もいるかもしれません。

わが家の子供たちは、今年はどちらでしょうか。

子供が順調に成長していると、「もう少し勉強してほしい」とか「スポーツで活躍してほしい」といった、親の願いや期待が生じてきます。でも、小さな命を最初に授かった日の感激を思い返せば、今日も家族そろって元気に暮らせていることこそが、本当は最も喜ぶべき幸せなのです。

子供を授かったからといって、すべての人が順調に育て上げ、なんの問題もなく成長した姿を見るわけではありません。いままさに、子供の身上や事情を前にして、苦労している人も少なくないでしょう。私自身もかつ

ギボウシ

て、授かった子供を失うという、きわめて苦しい経験をしました。

「心通りのこの守護を、十分のたんのうの心以ちて早く定め」

目の前に現れている自分と世界の姿の中に、自らの「心通り」に現れてきた親神様のご守護を感じて、感謝と喜びの心をもって日々を暮らすこと。本当に子供たちの将来を考え、幸せを願うのであれば、このような毎日を共に生きることのほうが大切ではないでしょうか。

もうすぐ一学期の終わりです。今年は、結果よりも努力の過程を称《たた》えてやりたいと思っています。

（立教170年7月22日号）

おやのことば

「成程の人や」

世上《せじょう》より成程《なるほど》の人《ひと》や／＼と言《い》う心《こころ》、天《てん》に映《うつ》る。これがたすけの理《り》や。

（おさしづ　明治21年6月10日）

「お父さんは、なんでいまの仕事をしてんの？　子供のころから目指してたん？」

夕食後、お茶を飲んでいると、中学生の息子に独特の若者口調で尋ねられました。

少し考えてみましたが、なかなか答えるのが難しい質問です。子供のころは、漫画家かイラストレーターを目指していました。でも、あまり真剣に夢を追いかけた記憶はありません。

現在の自分は、なぜ現在の自分なのかと問われれば、ほとんどは偶然の積み重ねのような気がします。いろいろな人と出会い、その時々に与えられた課題にコツコツと取り組むうちに、自然に現在の自分になったというのが本当のところです。

とはいえ、息子は将来のことで思い悩んでいるのかもしれません。考えた結果、「何になるかは、自分で決めることはできない。でも、どのような人になるかは、自分で決めることができると思うよ」と答えました。

将来のことを予測するのは難しい。どんな出来事や出会いが待ち受けているのか、すべてを自分の意思でコントロールすることはできません。しかし、親神様のご守護に満たされたこの世界で、今日一日をどのように生きるのか、これを決定するのは自分の意思です。

「世上より成程の人や〳〵と言う心、天に映る」

歴史に名を残すような人物よりも、このような人になってください。

（立教170年7月29日号）

おやのことば

「今という思案定め」

今《いま》という今《いま》まで同《おな》じ事《こと》、今《いま》という思案定《しあんさだ》め、その道《みち》伝《つた》え、一時《じ》こういう道《みち》を伝《つた》え。

（おさしづ　明治20年9月4日）

子供のころ、冷たい板張りの廊下に寝そべることが好きで、横になりながら、いろいろなことを考えました。

その中の一つが、「今」という時間は何時《いつ》なのかという問いでした。過去と未来との中間に「今」が位置するのであれば、「今」はどこまでが過去で、どこからが未来になるのでしょうか。何度も考えましたが、納得できる答えを見つけることはできませんでした。

あれから四十年近い年月が経《た》ちましたが、現在でも正解と思える答えを見つけられていません。それでも、さまざまな経験を積み重ねながら大人になり、過去を振り返り、将来のことを考えながら感じることは、現在が充実しているときに振り返る過去は美しく、現在の自分に自信を持ったとき、人は未来に希望を見いだせるということです。「今」は過去や未来とは別の時間なのではなく、「今」をどのように生きるかによって、自分にとっての過去や未来が創《つく》られるのではないでしょうか。

「今という今まで同じ事、今という思案定め」「おさしづ」を拝読していると、「今」という時の大切さを強調するお言葉が少なくありません。

教祖を通して伝えられた親神様の教えをもとに、過去を後悔するのではなく反省し、先を案じるのではなく未来を楽しみにして、充実した「今」を生きることが大切なのです。

（立教170年8月5日号）

おやのことば

「楽しめば心勇む」

だん〳〵楽《たの》しみ、楽《たの》しめば心勇《こころいさ》む。
心勇《こころいさ》めば皆勇《みないさ》む。

（おさしづ　明治32年10月24日）

先日、久しぶりに家族と海水浴に出かけました。仕事の合間を縫《ぬ》っての外出だったため、とても慌《あわ》ただしかったのですが、小学生の娘は心の底から楽しそうにはしゃいでいました。

浅瀬で泳いでいるかと思えば、次は岩場で小魚やカニを追いかけています。しばらく姿が見えなくなると、今度は貝殻や小石を拾い集めて、まるで宝物のように紙コップに納めていました。

ごく普通の小石なのですが、うれしそうに拾い上げている様子を見ていると、なんとなく、ほかの石よりも光り輝いているような気がしてきます。短い時間でしたが、子供たちの楽しむ姿を見て、こちらも元気になりました。

「楽しめば心勇む。心勇めば皆勇む」

忙しい毎日を送っていると、次の予定や用事ばかりに気をとられて、身の回りに楽しいことや美しいものがたくさんあることを忘れてしまいがちです。

小魚を追いかけることがこれほど楽しく、小石がこれほど美しく感じられるのであれば、きっと私たちの身近にも、楽しみの種がたくさんあるはずです。

スケジュール表に書き入れた今月の日程と仕事の予定を確認して、ため息をつきながら、「夏の思い出」と書かれた紙コップに入れられた貝殻や小石を眺《なが》めては、今日も勇んで頑張ろう、と心の中で呟《つぶや》いています。

（立教170年8月12日号）

おやのことば

「代々続く生涯末代の理」

一代《だい》は一代《だい》の理《り》、二代《だい》は二代《だい》の理《り》、代々《だいだい》続《つづ》く生涯末《しょうがいまつ》代《だい》の理《り》である。

（おさしづ　明治22年1月29日）

数日前のことです。教会本部の朝づとめの後に教祖殿へ向かい、てをどりまなびをしていると、二歳くらいの子供が座り込んでいました。周りの大人たちは皆立ち上がってお手振りをしているので、少し退屈したようです。「みかぐらうた」もまだ覚えていないようで、前かがみになったり、頭をかいたりと、落ち着かない様子でした。

ところが、「なむ天理王命」と歌い始めた途端、まるでバネのように飛び上がって両手を合わせ、周囲の人々と一緒に声を張り上げて足を運んでいます。この部分だけは、いつも一緒に踊っているのでしょう。

「一代は一代の理、二代は二代の理、代々続く生涯末代の理である」

教祖を通して伝えられた親神様の教えは、時代や文化の違いを超えて、あらゆる人間にとって意味を持つ、この世界と生命の根源を明かされたものです。遥《はる》かな未来に向けて、教祖のお言葉を正しく伝達し、教えを信じて生きることの喜びを伝える必要があるでしょう。

得意そうに向きを変えた男の子は、畳に座ると、今度は静かに拝をしていました。たぶん、誰《だれ》かが教えたのではなく、自然に足運びを覚えたのではないでしょうか。信仰の喜びを次代へ伝えていくためには、幼いころから、このような時間を親子で共有することが大切です。

一生懸命にてをどりを勤める幼子の真摯《しんし》な姿に、将来の可能性と、信仰を伝える親の責任を感じました。

（立教170年8月19日号）

おやのことば

「神がしっかりと踏ん張りてやる程に」

辺所《へんしょ》へ出《で》て、不意《ふい》に一人《ひとり》で難儀《なんぎ》はさゝぬぞえ。後《あと》とも知《し》れず先《さき》とも知《し》れず、天《てん》より神《かみ》がしっかりと踏《ふ》ん張《ば》りてやる程《ほど》に。

（おさしづ　明治20年4月3日）

結婚するときに、教会長であった父から神実様《かんざねさま》と小さなお社《やしろ》を拝受し、粗末ながらも毎日お供えをして、おつとめを勤めるようになって二十年近くになります。結納を終えた後で、急に大学院へ進学することになり、しばらく一人で暮らすことになりました。このため、最初は下宿に一人でお祀《まつ》りしていましたが、そのうち二人になり、家族が増えて、現在では朝夕のおつとめの声もにぎやかになってきました。

この間、小さなお社は、私たちとともに各地を転々とし、遠く海を渡って国外に暮らしたこともありましたが、どこへ行ってもわが家の心の支えとなってきました。喜ぶべきことがあれば、感謝の心をお伝えし、大きな「ふし」に出合ったときは、懸命に祈りを捧《ささ》げました。

いろいろなことがありましたが、毎日の生活の中に祈りが存在したことが、これまでの人生を豊かにしてくれたことは間違いありません。

「後とも知れず先とも知れず、天より神がしっかりと踏ん張りてやる程に」

かつて神実様をお祀りしていたお社は、日に焼けて茶色になり、現在は霊様《みたまさま》をお祀りして、ひと回り大きくて新しいお社の隣に並んでいます。掃除をすると板が外れそうになることもありますが、小さなお鏡を拭《ふ》かせていただくうちに、今回のお言葉を思い起こしました。

親神様のご守護は、一瞬たりとも途切れることはありません。しかし、私たちの心は変わりやすい。

これからも毎日の生活の中で、親神様のご守護に感謝し、信仰者としてのあり方を振り返る時間を大切にしていきたいと思います。


（立教170年8月26日号）

おやのことば

「人に伝え、内治め、人を治め」

神《かみ》の道《みち》というもの、一《ひと》つの道通《みちとお》れば、どんな者《もの》にもなる。何《なん》ぼ若《わか》きと言《い》うても、何《なん》ぼ年《とし》を取《と》れたると言《い》うても、人《ひと》に伝《つた》え、内治《うちおさ》め、人《にん》を治《おさ》め、この理《り》を一《ひと》つ治《おさ》め置《お》かねばならん。

（おさしづ　明治20年）

先日、若い人たちと一緒に、神名流しや路傍講演をする機会がありました。お道の教えにふれて、まだ日の浅い人たちもいる中で、懸命に信仰の喜びを伝えようとする姿には胸を打たれます。夏空の下、精いっぱいに声を張り上げている彼らの姿を見ていて、若いころの出来事を思い出しました。

高校を卒業して間もないころ、青年会行事と並行して、地元の町で神名流しと路傍講演を企画しました。のぼりを立てて見慣れた町並みを歩き、市街の中心部でハンドマイクを手に路傍講演をしていると、マイクを通して語る言葉の一つひとつが、自分に返ってくるのを感じました。

「一れつきょうだい」や「互い立て合いたすけ合い」といった教えは、言葉にするのは簡単ですが、実践するのは難しい。日常の自分の姿を知る人たちに教理を伝えることは、そのまま自分自身の生き方への問いかけにつながります。

「何ぼ若きと言うても、何ぼ年を取れたると言うても、人に伝え、内治め、人を治め、この理を一つ治め置かねばならん」

他者に信仰を伝える努力をすることは、教えの意味を再確認し、自らの信仰者としてのあり方を問い直すうえでも、きわめて大切なことです。二十年以上の歳月を経ても、全く成長していない自分を反省しながら、目の前の若者たちが、この日の経験を糧《かて》として、より豊かな人生を歩んでくれることを祈りました。

（立教170年9月2日号）

おやのことば

「親切無けにゃならん」

同《おな》じ兄弟《きょうだい》〳〵親《しん》切《せつ》無《な》けにゃならん。

（おさしづ　明治31年7月30日）

本部の八月月次祭に参拝して、炎天下で「みかぐらうた」を唱和していると、二十数年前の出来事を思い出しました。

夏休みに西日本一周の自転車旅行を計画して、「こどもおぢばがえり」のひのきしんを終えてから出発し、八月の月次祭に間に合うようにおぢばへ帰ってきました。その年も厳しい暑さが続き、道中、一度も雨にあわずに炎天下を走り続けた記憶があります。

いろいろな経験をしましたが、あるとき途中で財布が空《から》になり、飲み水も無くなったことがありました。最後はどうしようもなくなって、近くの交番に立ち寄りました。

事情を話すと、当番の警察官が冷たい麦茶をご馳走《ちそう》してくれました。あまりに美味《おい》しくて、冷蔵庫に入っていたヤカンを二つとも空にしたのを覚えています。

「同じ兄弟〳〵〳〵親切無けにゃならん」

旅先で受けた親切は、いつになっても心に残ります。困ったときは、お互いに気持ちよくたすけ合いたいものです。

特に、「一れつきょうだい」と教えられている私たちは、どんなときも他人に心を開く姿勢を忘れてはならないでしょう。

忙しい毎日を送っていると、どうしても自分の都合を優先しがちですが、そんなときは、あの日の麦茶の味を思い出しています。

親神様の目から見れば、世界中の人間は皆「きょうだい」であり、互いにたすけ合うべき存在なのですから……。

（立教170年9月9日号）

おやのことば

「たすけ一条はこれからや」

たすけ一条《じょう》はこれからや。今日《きょう》一日《にち》の日《ひ》を忘《わす》れんよう、さづけ渡《わた》そ。

（おさしづ　明治21年1月19日）

先日、奥さんに勧められておぢばへ帰り、別席を運んだ男性にお会いする機会がありました。物腰の柔らかい素敵《すてき》な方でしたが、奥さんから「私が身上になったとき、一緒に祈ってほしい」と頼まれ、別席を運んだそうです。ご主人の優しい人柄と夫婦の絆《きずな》を感じさせてくれるエピソードです。

私たちには、人生の節目に出合うさまざまなつらい出来事に際して、絶望するのではなく祈るための手段を教えていただいています。

なかでも、自分にとって大切な人の深刻な身上は、しばしば深い喪失感と絶望感を伴います。しかし、そんなときにも自ら「さづけの理」を取り次ぎ、あるいは、誰《だれ》かに取り次ぎをお願いして、共に祈ることができます。多くの人々は、人のために祈る気持ちはあっても、具体的には何もできませんが、私たちには素晴らしい〝宝物〟が与えられているのです。

「たすけ一条はこれからや。今日一日の日を忘れんようさづけ渡そ」

もちろん、親神様・教祖の望まれる「たすけ」は、家族や友人、地域社会の絆といった狭い人々のつながりに限定されるものではありません。

しかし、まず身近な人々の悩みや苦しみを共に生きるという意識がなくては、小さな「たすけ」の輪を世界へ広げていくことはできないでしょう。授けていただいた「さづけ」の重みを、決して忘れないようにしたいものです。

（立教170年9月16日号）

おやのことば

「神の守護ありゃこそ」

神《かみ》の守護《しゅご》ありゃこそ、まあ今日《きょう》も目出度《めでた》い〳〵、皆《みな》鮮《あざ》やかと言《い》う。目《め》の前《まえ》に現《あら》われたる。

（おさしづ　明治34年8月17日）

少し前のことです。雨上がりの朝、レモンの木を植えた鉢《はち》を動かすと、下に敷いてあった簀《す》の子の上で、白い玉のようなものが散り散りに弾《はじ》けたように見えました。驚いてもう一度目を凝らすと、小さな蜘蛛《くも》の子たちが、ものすごい勢いで散らばっているのです。

何げない日常の中にも、時には自然の神秘的な姿に魅《み》せられて深く感動することがあります。

まるで花火のように、同心円状に広がっていく蜘蛛の子の姿を見ていると、なかなか成長しないレモンの木にも、不思議な自然のはたらきと生命が宿っていることを感じます。こんなに深遠な自然のはたらきを、小さな人間の思惑《おもわく》で動かすことはできません。

「神の守護ありゃこそ、まあ今日も目出度い〳〵、皆鮮やかと言う」

フヨウ

原文は、身上の伺いに対する「おさしづ」ですが、いまここで与えられている親神様のご守護に感謝する心の大切さを教えてくださっています。自分にできることは、精いっぱいの工夫をしたうえで、親神様にもたれる心が大切なのです。

私たち人間の力だけでは、草木一本創《つく》ることはできません。しかし、親神様のご守護に感謝しながら、身近な自然環境を守り、家族を思いやり、地域社会に働きかけていくことは可能です。

自然の神秘に思いを馳《は》せながら、あせらずに、ゆっくりレモンの木の成長を見守りたいと思います。

（立教170年9月23日号）

おやの
ことば

「生まれ児の心」

生《う》まれ児小児《こしように》一《ひと》つ心《こころ》に成《な》れ。生《う》まれ児《こ》の心《こころ》には何《なに》も欲《ほ》しい物《もの》は無《な》い。

（おさしづ　明治40年1月20日）

小さいころに読んだ絵本（か何か）に、一匹のサルの話がありました。内容はほとんど覚えていませんが、壷《つぼ》の中にバナナが入っていて、サルが手を入れてバナナを取ろうとします。しかし、壷の口は手が入るギリギリの大きさなので、バナナを掴《つか》んでいると手を抜くことができません。そのためサルは仕方なく、バナナを掴んだまま手を振り回すという内容だったと記憶しています。

その当時は、なぜすぐに手を離さないのかと不思議に思いました。でも、大人になって、これまでの人生を振り返ると、この寓話《ぐうわ》に重なるような経験がいくつも脳裏に浮かんできます。

子供のころ、友達と喧嘩《けんか》をした後で、小さなわだかまりを捨てきれずに謝ることができなかったこと。結婚して、妻のご飯の炊き具合がなかなか

タマスダレ

納得できなかったこと。仕事や家庭での小さなこだわり……。手を離せば、簡単に手を抜くことができるのに、どうしてもこだわりを捨てることができない。こういうことが少なくありません。

「生まれ児小児一つ心に成れ。生まれ児の心には何も欲しい物は無い」

小さな自分のこだわりを捨てられないときは、一度、大きな親神様の前で、自分自身を見つめ直してみることです。教祖を通して伝えられた、広大な親神様の親心と深遠な思召《おぼしめし》にふれるとき、小さな自分の殻《から》が氷解し、まるで「生まれ児」のように、すっきりした気分になるのを感じることでしょう。

それでは、これから参拝に行ってきます。

（立教170年9月30日号）

おやの
ことば

「言葉優しいというは、誠の心である」

人《ひと》を救《たす》けるには誠《まこと》の心《こころ》。一《ひと》つの言葉《ことば》優《やさ》しいというは、誠《まこと》の心《こころ》である。

（おさしづ　明治21年）

どちらかというと円満な夫婦だと自負していますが、一度だけ、妻をひどく怒らせたことがあります。そのときは、言い合いになるのが嫌《いや》で、しばらく黙り込んでしまいました。

相手を批判するような言葉であっても、言葉のやりとりがあるうちはコミュニケーションが成立しますが、言葉がなくなってしまえば、お互いの意思を確認することはできません。いつも穏やかな妻を怒らせてしまったことに、深く後悔したのを覚えています。

それからは、たとえ言いにくいことであっても、できるだけ気持ちを言葉にするようにしてきました（これも問題かもしれませんが……）。

言葉は暮らしに欠かすことのできない大切な道具ですが、上手《じょうず》に使いこなすのは難しい。夫婦の間でさえ、すれ違いがあるのですから、親神様の

ハナトラノオ

思召《おぼしめし》を言葉で他者へ伝えることは、決して容易ではないでしょう。

「人を救けるには誠の心。一つの言葉優しいというは、誠の心である」

一人のようぼくとして、身近な人々に親神様の思召を伝え、信仰の喜びを広げていく役割を自覚すればするほど、言葉の大切さと難しさを痛感します。言葉が伝わりにくいと感じるときは、自らの心の使い方が、教祖を通して伝えられた親神様の教えに即したものであるのかどうか、振り返ってみる必要があるでしょう。

「誠の心」と「優しい」言葉が一つになって初めて、親神様の温かい親心が「胸から胸へ」伝わるのです。


（立教170年10月7日号）

おやの
ことば

「早く心を取り直せ」

これだけ信心《しんじん》すれども、未《ま》だ良《よ》うならん、と思《おも》う心《こころ》は違《ちが》う。早《はや》く心《こころ》を取《と》り直《なお》せ。一夜《や》の間《ま》にも心《こころ》入《い》れ替《か》え。

（おさしづ　明治21年9月頃）

数年前から、少しずつ新聞や雑誌などの活字が見づらくなってきました。今年に入って、特に読書の後には目が疲れやすくなり、人に勧められて、ついに老眼鏡を購入しました。

子供のころから視力が良く、眼鏡とは無縁の生活を送ってきたので、長時間眼鏡を掛けるのは初めてでしたが、ハッキリと活字が読めることに驚きました。

これまでずっとボンヤリとしていた活字の一つひとつが、偏《へん》や旁《つくり》の細部までよく見えるのは、本当に爽快《そうかい》な気分です。老眼鏡の効用に驚きながら「おさしづ」を拝読していて、今回のお言葉が目に留まりました。

「早く心を取り直せ。一夜の間にも心入れ替え」

親神様の教えにふれ、教えに基づく生き方の大切さを学んでも、なかな

セイヨウフジバカマ

か人間思案を離れて心の向きを変えていくことは難しい。どうも心がすっきりしないというときは、いつの間にか、自己中心的な心のフィルターを通して、物事を判断していることが少なくありません。こういう場合は、心の眼鏡を掛け替える必要があるでしょう。

「月日のやしろ」である教祖が伝えてくださった、真実の教えを通して、自分を取り巻く世界を見つめ直すとき、この世界と人生の真の意味が、ハッキリと目の前に立ち現れてくるはずです。

老眼鏡を掛けるようになって、眼鏡は汚れやすいということを知りました。これからは、小まめに手入れをしたいと思います。

（立教170年10月14日号）

おやのことば

「ほんに言葉を聞いて治まる」

事情《じじょう》諭《さと》す。ほんに言葉《ことば》を聞《き》いて治《おさ》まる。
それ〳〵先々《さき〳〵》成程《なるほど》と言《い》えば身《み》の治《おさ》まる。

（おさしづ　明治24年7月6日）

わが家の子供たちは、学校のイベントや景品などで頂いたエンピツを短くなるまで大切に使っています。父親である私は、まだインクが残っているのに、すぐに新しいペンを買うような文具マニアなのですが、きっと母親の教育が行き届いているのでしょう。

いつも感心していますが、先日、講社祭のお話を聞いていて、子供たちのエンピツのイメージが頭に浮かびました。

せっかく毎日の生活の基準になるようなお話を聞いても、使わずにしまっておけば、暮らしを豊かにすることはできません。子供たちのエンピツのように、頂いた言葉を大切にすると同時に、しっかりと役立てていく姿勢が肝要でしょう。

「ほんに言葉を聞いて治まる。それ〳〵先々成程と言えば身の治まる」

信仰の喜びを身に感じるためには、教えを聞き流すのではなく、しっかりと心に治めて、自らの生き方を見つめ直すことが大切です。

どんなに素晴らしいお話を聞いても、言葉の受け取り方、心の使い方次第で、先に現れてくる姿は変わってきます。教えをただ聞くだけではなく、心に治めるという意識を忘れないでいたいものです。

今月のお話は、「家族が互いにたすけ合うことの大切さ」を強調するものでした。この一カ月、このお言葉を生かして、なんとか充実した毎日を送りたいと思います。

（立教170年10月21日号）

おやのことば

「ふしが無ければ」

もうこれ何《なに》かのふしが無《な》ければ、何《なに》かの事《こと》も聞《き》き流《なが》し。

（おさしづ　明治22年10月9日）

わが家の夕づとめは、少し遅くなっても、私の帰宅時間に合わせて勤めるようにしています。

結婚したときにお下げいただいた神実様《かんざねさま》は、最初は狭いアパートの箪笥《たんす》の上にお祀《まつ》りしていました。それがいまでは、妻や子供たちと一緒に毎日おつとめをする場所があるのですから、本当にありがたいことです。

家族そろって参拝していると、いろいろなことを思い出します。毎日お供えをして、朝夕のおつとめをするようになったのは、アメリカで留学生活を始めたころです。そのきっかけは、子供の出直しという大きな「ふし」に出合ったことでした。

その後も、実父や義父の出直しといった「ふし」に出合うたびに、毎日の参拝のかたちや家族の姿勢が少しずつ変わってきました。

「もうこれ何かのふしが無ければ、何かの事も聞き流し」

親神様の思召《おぼしめし》に沿って生きることの大切さは理解していても、自分自身の生き方を反省することは、何かのきっかけがなければ難しい。知らず識《し》らずのうちに、自分の都合を優先してしまうからです。

毎日の生活の中で、親神様の親心に感謝する時間を持つことの大切さを教えてくれた、さまざまな「ふし」を思い返しながら、もう一歩先の成人を目指して、今日も拍子木を叩《たた》いています。

（立教170年10月28日号）

おやの ことば

「恐れるも心、案じるも心、勇むも心」

恐《おそ》れるも心《こころ》、案《あん》じるも心《こころ》、勇《いさ》むも心《こころ》、皆々《みなく》の心《こころ》を寄《よ》せてよく聞《き》いて置《お》かねばならん。

（おさしづ　明治24年5月18日）

昨夜は激しく雨が降っていましたが、今朝《けさ》はさわやかな秋晴れです。

少し靄《もや》がかかっている中で、朝日を浴びた田園風景を眺《なが》めていると、心が洗われるような気がします。縁あって、山間に位置する現在の土地に住居を移してから、もう三年が過ぎました。

これまでの日々を思い返してみると、同じ景色が美しく感じられた日もあれば、生活の不便さに不足を感じた日もあります。面白いもので、同じような雨の日や雪の日であっても、その日によって感じ方は一様ではありません。親神様に与えられた自然の恵みは、常に変わることはなくても、受け取る側の心のありようによって、目に映る世界の意味は変わってくるのです。

「恐れるも心、案じるも心、勇むも心」

この世界に生じる出来事のすべては、親神様のご守護によって成り立っています。それを知識として理解してはいても、実際に現れてくることをすべて喜び、勇んで受けとめるのは、決して容易なことではありません。

不安や迷いを感じ、人間思案が先に立つ日もあるでしょう。でも、どんなときも、世界中の人間をたすけたいという親神様の親心に変わりはないのです。

玄関先に植えられた花々は、今朝も小さな庭を華やかに彩っています。この花の美しさをいつでも感じられるように、毎日の信仰生活を大切にしたいと思います。

（立教170年11月4日号）

おやのことば

「人間は皆神の守護」

人間《にんげん》は皆神《みなかみ》の守護《しゅご》、神《かみ》の守護《しゅご》の中《なか》に理《り》がある。

（おさしづ　明治32年10月28日）

古い家屋の大黒柱を切り分けて、丸太のいすを二つ作って並べ置いたのは三年前のことです。素人《しろうと》の細工であり、防腐剤も塗っていなかったためか、もう木がボロボロになってしまいました。

先日、木の表面をめくって焚《た》き木にし、取りたてのサツマイモを焼きましたが、そのとき木の繊維を見て驚きました。木の内部が少しずつ腐食してできた空洞が、まるで鍾乳洞のような美しい文様を描き出しています。

ここ一年ほど、いすの腐食を気にかけていましたが、私にとっては都合の悪いことであっても、丸太が風化していくことも深遠な自然の営みの一部なのです。

「人間は皆神の守護、神の守護の中に理がある」

私たちは、目の前に生じてきた出来事について、その善《よ》し悪《あ》しを自分の都合で判断しがちですが、この世界にある生命は、すべて親神様のご守護に満たされて存在しています。

たとえ、自分にとって都合の良くない姿であっても、現れてきたご守護の姿の根底には、深い親神様の思召《おぼしめし》があるのです。

「なぜ、どうして？」と思い悩む前に、親神様のご守護の中にある「理」について、深く考える姿勢が大切でしょう。

もっと大きな心で、もっとおおらかな視点で、現在の自分と世界を受けとめていきたい。はぎ取った木の断面を見つめながら、こんな思いに駆られました。

（立教170年11月11日号）

おやのことば

「天の言葉や」

何処《どこ》の国《くに》にも彼処《かしこ》の国《くに》にもあったものやない。神《かみ》が入《い》り込《こ》んで教祖《おやさま》教《おし》えたもの。その教祖《おやさま》の言葉《ことば》は天《てん》の言葉《ことば》や。

（おさしづ　明治34年5月25日）

「おさしづ」を毎日拝読するようになって感じることは、日常生活の中で原典を繙《ひもと》き、親神様のお言葉にふれる機会をつくることが、私たちの人生を豊かにしてくれるということです。

若いころから何でもくよくよと考え、落ち込みやすい性格なのですが、最近は少しおおらかになれたような気がします。

また、先々のことを不安に思い、なかなか決心のつかない性格なのですが、現状を素直に受けとめて、あまり悩まないようになってきました。

これまで以上に家族の健康や自然の恵みに感謝し、喜びを感じられるようになったことも、大きな変化の一つといえるでしょう。「おやのことば」を通して、自分と世界を見つめ直すことで、自然と心の持ち方が変わってきたのです。

「何処の国にも彼処の国にもあったものやない。神が入り込んで教祖教えたもの。その教祖の言葉は天の言葉や」

「月日のやしろ」としての教祖を通して伝えられた親神様の教えの中には、この世界と人生についての、すべての問いに対する答えがあります。身近に原典を拝する機会を与えていただいた私たちは、毎日の生活の中で「天の言葉」を拝読し、少しでも親神様の思召《おぼしめし》に近づく生き方を求めていくべきでしょう。

いまに残された原典を精読しながら、親神様・教祖の親心をより深く感じていきたい。こんな思いを抱きながら、今日も「おさしづ」のページをめくっています。

（立教170年11月18日号）

おやのことば

「自分心と言う」

めん〳〵心《こころ》に掛《か》かる。自分心《じぶんこころ》と言《い》う。一日《にち》やれ〳〵、又《また》一日《にち》やれ〳〵と、先《さき》を思《おも》えば切《き》りが無《な》い。

（おさしづ　明治27年10月27日）

最近、ふとした瞬間にため息をつき、独り言を口にしている自分に気がついて苦笑することがあります。長い間、本や資料を読み込んで、自分なりの考えをまとめるという研究生活を続けてきたせいか、独り言はもともと多いほうでした。

新婚当時、トイレやお風呂で呟《つぶや》いている声を聞いて、妻は少し心配していたようです。新たな研究課題に取り組み、毎日が充実しているときには独り言が多くなるので、むしろ生活に欠かせないものだと思っています。

ただ、ため息交じりの独り言は、あまり歓迎できません。こういうときは、筋道を立てて物事を考えているのではなく、自分の都合で思い悩んでいるケースが多いからです。

「めん〱心に掛かる。自分心と言う。一日やれ〱、又一日やれ〱と、先を思えば切りが無い」

悩みごとや気持ちの迷いが頭を離れないときは、いつの間にかすべてを自分中心に考えていることが少なくありません。「自分心」で毎日を振り返り、「やれ〳〵」とため息をつきながら、先のことを思い悩む。このような姿勢では、新たな発見や将来への展望を見いだすことはできないでしょう。

同じ「おさしづ」には、「何も心に掛けず、日々心の治め方、思案して見るがよい」と続きます。

「自分心」の迷路を抜け出すためには、親神様の思召《おぼしめし》に心を寄せながら、現在の自分と世界をあるがままに、素直に見つめ直すことが大切なのです。

（立教170年11月25日号）

おやの
ことば

「喜ぶ理は天の理に適う」

満足《まんぞく》というものは、あちらでも喜《よろこ》ぶ、こちらでも喜《よろこ》ぶ。喜《よろこ》ぶ理《り》は天《てん》の理《り》に適《かな》う。

（おさしづ　明治33年7月14日）

今年も残すところ、ひと月を切りました。師走を迎えた街並みは、いつもより少し慌《あわ》ただしく感じます。

仕事机に積み上げてある、この一年の「おやのことば　おやのこころ」の原稿と「おさしづ」の抜き書きを手に取ると、その時々の思い出が自然と浮かんできます。この一年も、さまざまな出来事がありました。楽しいこと、つらいこと、感動したこと、驚いたこと。こんな毎日を乗り越えていく中で、いつも「おやのことば」が心の糧《かて》になってきました。

人間思案にとらわれていては、答えを見つけられないような状況に直面したときも、「おさしづ」のお言葉の背景にある、親神様の広大な親心の世界にふれることで、現在の自分と世界を根底から見つめ直すことができるのです。

「満足というものは、あちらでも喜ぶ、こちらでも喜ぶ。喜ぶ理は天の理に適う」

いかなる状況にあっても、「喜ぶ」ことのできる世界がそこにはあります。教祖を通して伝えられた親神様の教えをもとに、人生の意味を考え直すとき、無意味と思える出来事の中にも、深い親心を感じることができるのです。

良いことばかりの一年ではありませんでしたが、ため息と後悔ではなく、喜びと感謝の心をもって、過ぎゆく年を振り返ることができるのは、この道の信仰のおかげです。来年の幸福を願うこと以上に、これからも「おやのこころ」を身近に感じられる人生を送っていきたい。そう願う、年の瀬です。

（立教170年12月2日号）

おやのことば

「我がまゝならんのが天のもの」

我《わ》がものと思《おも》いながら、我《わ》がまゝならんのが天《てん》のもの。我《わ》がまゝならんのが、天《てん》のあたゑや。

（おさしづ　明治20年11月21日）

朝晩の冷え込みが厳しい季節になってきました。早朝に戸外へ出てみると、もう吐《は》く息が白くなっています。

二十代の後半から、この時期には腰痛に悩まされてきました。特に、朝の洗顔や着替えなど、いつもと同じ動作をしているときに急に痛みが走り、しばらくは立ち上がることさえ困難な日が続きます。

年齢とともに慎重になってきたせいか、最近は少なくなってきましたが、痛みの続く間は入浴や洗顔、食事や就寝といった日常生活の動作にも何かと苦労をします。

「我がものと思いながら、我がまゝならんのが天のもの。我がまゝならんのが、天のあたゐや」

今日もいつもと同じように目が覚めて、食事を頂き、家族や職場、教会の方々とあいさつを交わす。こんな当たり前の日常も、本当は絶えざる親神様のご守護に支えられて成り立っているのです。

「かりもの」の身体《からだ》は、「我がもの」ではありません。今回のお言葉にふれて、「かしもの・かりもの」の理を心に治めて生きることの大切さを、あらためて感じました。

「おさしづ」を拝読していると、しばしばご神言としての荘厳さに満ちた、心に響くお言葉に出合います。これは、その代表的なお言葉の一つではないでしょうか。

今年は、まだ腰の痛みを感じずに暮らせています。このまま、新たな年を迎えられると良いのですが……。

（立教170年12月9日号）

おやのことば

「世界の理を見てさんげ、」

人間《にんげん》始《はじ》め掛《か》けたる理《り》から見《み》てたんのう、世界《せかい》の理《り》を見《み》てさんげ。

（おさしづ　明治22年11月20日）

今年の十大ニュースや流行語といった、一年を振り返る言葉が目につく時期になってきました。

新聞やニュースを眺《なが》めながら、わが家の十大ニュースを家族と話し合い、自分自身の一年を振り返ってみると、小さな家族のニュースが、意外にも日本や世界の全体的な動向と深くつながっていることを感じます。

今年になって、長年乗り続けてきた自動車の乗り替えを決意したのは、高騰《こうとう》するガソリン価格と古い車の燃費を考え合わせたからでした。スーパーの価格表示の変更にため息をつきながら、わが家の小さな家計も世界経済の動向と無関係ではないことを感じます。

私たちの人生は、広い世界と絶え間ない時間の流れの中で、そのすべてと深く関《かか》わりながら営まれているのです。

「人間始め掛けたる理から見てたんのう、世界の理を見てさんげ」

「おさしづ」を拝読していると、一人ひとりの人生をこのように広大な視点をもって、捉《とら》え直すことの大切さを強調しているお言葉が少なくありません。人間と世界の創造の時から続く悠久《ゆうきゅう》の時間の流れの中で、現状を「たんのう」し、広大な世界を見渡して、自らのあり方を「さんげ」する。こうした広く深い眼差《まなざ》しを通して、現在の自分を見つめ直すとき、小さな自分のこだわりや迷いや悩みが、少しずつ氷解していくのを感じます。

もっとおおらかな心で、過ぎゆく年を振り返りたいものです。

（立教170年12月16日号）

おやのことば

「勇んで掛かれ」

さあ〳〵皆《みな》勇《いさ》んで掛《か》かれ。勇《いさ》む事《こと》に悪《わる》い事《こと》は無《な》いで。

（おさしづ　明治33年10月31日）

先日、近くの幼稚園の傍《かたわ》らを通り抜けると、塀越しに園内のアナウンスが聞こえてきました。

「なわとびの準備ができました。ゆっくり歩いて、遊戯室に来てくだささい」

ゆっくりと、噛《か》んで含めるように指示を出しています。

私が子供のころは、よく「廊下は走らないように」と注意されました。否定形で注意されると、最初から叱《しか》られているように感じて、委縮してしまうことがあります。

「走らないように……」ではなく、「ゆっくり歩いて……」というアナウンスに、幼稚園の工夫と先生の人柄を感じました。

「さあ〳〵皆勇んで掛かれ。勇む事に悪い事は無いで」

この一年を振り返ると、何か問題に直面したときに、「思い悩まない」とか「気にしない」といった、否定形で出来事を受けとめることが幾度もありました。こういうときは自然と気持ちが委縮して、いつの間にか視界が狭くなっていることが少なくありません。

「おさしづ」には、「案じてはいかん」というように、人間思案を戒めるお言葉も見られますが、運命を切り換えていくためには、やはり〝勇む〟とか〝喜ぶ〟といった前向きな姿勢が必要でしょう。

人生を否定形で受けとめるのではなく、「勇んで」今日一日を生きていく。来年は、このような姿勢を忘れずに、充実した一年を過ごしたいものです。

（立教170年12月23日号）

あとがき

早朝の澄んだ空気のなかで顔を洗い、コップに注いだ冷たい水道水を一気に飲み干すと、身体《からだ》の芯《しん》から目覚めてきます。戸外へ出て、手足を伸ばしながら深く息を吸い込むと、今日も空気がおいしい。熱いお湯を沸かして濃いめのお茶をいれ、机に向かって「おさしづ」を手に取ると、なんとも言えない清々《すがすが》しい気持ちになってきます。

夏には朝の柔らかな光に包まれた空を見上げ、冬にはまだ明るく輝いている星座を眺《なが》めながら、静かに自分自身を省みる。ゆったりした、静かな時間が流れていきます。

*

『天理時報』連載の「おやのことば」と「おやのこころ」のコラムを担当する

ようになって、今年で五年目になります。この間、毎週日曜日か月曜日の早朝に原稿を執筆してきました。忙しい時期には、移動中の電車や飛行機のなかで、テーマや内容について考えることも少なくありません。コラムのなかに、しばしば電車内の情景や旅先での出来事が登場するのはそのためです。

それでも、最終的な原稿は同じ時間帯に書き続けてきました。月曜日の朝が中心になってきたのは、土・日に出張する機会が増えたからです。

基本的に、次の週の原稿を書きためることはありません。時々「何も書けなかったら、どうしよう……」と不安になることもありますが、この四年間、一度も滞《とどこお》ることなく執筆することができました。これは、かなり奇跡に近い。本当にありがたいことです。

週末に風邪をひき、月曜日の朝に熱が下がって、そのときの心情を書いたこともあります。日付が月曜日に変わってから帰宅して、少しだけ仮眠をとり、すぐに執筆したこともありました。

時報の編集部の心配――実際、最初はひと月分をまとめて執筆するという提案でした――をよそに、毎週の執筆にこだわる理由の一つは、〝作り事〟を書きたくないからです。

たまに「よくネタが続きますね」と言われることがありますが、本書に収められている文章は、何かの本に書いてあったことや誰《だれ》からか聞いた話をまとめたものではなく、すべて私自身の信仰生活の記録です。楽しいことも、つらいこともある人生で、「おやのことば」とともに生きることの意味をその時々に考え、自分自身に向き合いながら書き綴《つづ》ったものです。だから、誇らしげに何かを語るよりは、自らを深く反省する内容のほうが圧倒的に多くなるのでしょう（九九・九パーセントは反省です）。

その日その日を「おやのことば」とともに生きた記録ですから、生き続けている限りは、「ネタ」が尽きることはありません。たとえ病床にあったとしても、書き続けることはできるでしょう。なぜなら、人生に繰り返しはないからです。

ただ、人生には繰り返しのリズムもあります。春の後には夏が来て、秋の後には冬が来る。今年の春は昨年の春とは違いますが、それでも、暖かい春の日差しと咲き誇る花の美しさを期待しますし、冬枯れした木々にも必ずまた元気な新芽が吹きます。

ふきのとうのほろ苦い味わいは、去年も今年も変わらない。満開の桜並木の下を歩けば、今年も去年と同じ感動を覚えるでしょう。人は回帰する時間のなかで、変わり続ける人生を歩むのです（未来を予想することはできても、予知することができないのはこのためです）。繰り返される日常のなかに、新たな発見をしながら、「おやのことば」とともに暮らした記録が、今回まとめられることになりました。

＊

本書には、二〇〇七年一月十四日から十二月二十三日まで『天理時報』に連載した、一年間の「おやのことば」と「おやのこころ」が収められています。あらためて読み返してみると、当時の情景が昨日のことのように思い出されます。

初めて植えた玉ねぎの苗は、針金のようにか細いものでした。畑仕事を始めたばかりの妻は、園芸や家庭菜園の本を買い込み、近所の方々に教えを乞《こ》いながら、かなりの園芸通になりました（もっとも、興味があるのは、もとの取れる野菜ばかりですが……）。

三日講習会はⅠとⅡを受講し、今年中にはⅢを受講したいと思っています。

「夏の思い出」と書いたラベルを貼《は》った紙コップは、現在も机の上に置いてあります。将来の目標を探していた長男は、先のことよりも現在《いま》をしっかり生きることの大切さに気づいてきたようです（何のことか分からないという方は、本書のどこに書かれているか探してみてください）。

本書は、私にとっても家族にとっても、貴重な生活の記録になっています。特に、二月二十五日号に掲載したコラムは、難病をかかえた高校時代からの友人に出会った後に、エールのつもりで書いた文章でした。少し前に本部神殿前で再会したときは、すっかり元気になったようでしたが、最近の調子はどうでしょうか。ページをめくるごとに、当時の情景が心に浮かんできて、なかなか校正が先に進みません。ちょうど、引っ越しの際に古いアルバムを整理しているときや、自分の書架の本を並べ直しているときと同じような感覚です。

＊

最初に『天理時報』の連載を依頼されたとき、正直言って、毎週の原稿を期日内に書ける自信はありませんでした。「頼まれた仕事は、なるべく断らない」ことをポリシーにしていますので、とりあえず「はい」と返事をしたのが始まりです。

人間は自分の姿を自分で見ることはできませんが、他人は自分をよく見ています。自分自身には自信がなくても、きっと可能性があると見えたのでしょう。もっと言えば、他人は自分の外面しか知りませんが、親神様はすべてを見通して、心通りの守護を現されるのですから……。

今回、「道友社きずな新書」の第一号として、本書が刊行されるという企画を聞いたときも、本当はかなり戸惑いました。しかし、今年の教会本部の元旦祭に参拝した際、教祖殿で「今年のキーワードは『素直』です」と教祖にお誓いしたこともあって、ここは素直に引き受けることにしました。

「おさしづ」を日常的に拝読するようになって、強く感じることは、親神様の思召とそのご守護によって成り立つ世界にふれることで、目先の小さなことに思い悩むのではなく、現在《いま》を素直に受け入れる意識が生まれてくることです。私の駄文が世に出ることにも、きっと何かの意味があるのでしょう。

最後になりましたが、いつも遅れる原稿を何も言わずに待っていてくれた『天理時報』の編集部の方々（担当はこの五年間で四人代わりましたが、皆さん、お元気ですか？）、今回の編集を担当してくださった道友社出版部の佐伯元治さん、本書の出版に関《かか》わってくださったすべての方々に、深く御礼申し上げます。

立教一七三年三月十七日

自宅にて

岡田正彦

岡田正彦（おかだ まさひこ）
1962年、北海道生まれ。天理大学卒。
スタンフォード大学大学院博士課程修了、博士号取得（宗教学）。
天理大学人間学部宗教学科教授、おやさと研究所兼任研究員。

きずな新書 001

おやのことば おやのこころ (一)

立教173年（2010年）5月1日 初版第1刷発行
立教174年（2011年）8月26日 初版第2刷発行

著 者 岡 田 正 彦

発行所 天 理 教 道 友 社
〒632-8686 奈良県天理市三島町 271
電話 0743（62）5388
振替 00900-7-10367

印刷所 株式会社天理時報社
〒632-0083 奈良県天理市稲葉町 80

ISBN978-4-8073-0546-9
定価はカバーに表示

道友社きずな新書

創刊のことば

いま、時代は大きな曲がり角に差しかかっています。

伝統的な価値観が変容し、社会のありようが多様化する中で、心の拠《よ》り所《どころ》を見失い、自己中心的で刹那《せつな》的な生き方に流れる人々が増えています。

そんな現代社会の風潮が、最も顕著に現れている姿が〝家庭の崩壊〟ではないでしょうか。

夫婦・親子のつながりの希薄化は、さまざまな家族の問題を引き起こし、社会の基盤を揺るがしかねない深刻な問題となっています。このような時代にあって、天理教の信仰者には、社会の基本単位である家族の絆《きずな》を強めつつ、心を合わせ、互いにたすけ合う団欒《だんらん》の姿を社会へ映していくことが求められています。教えに沿った生き方を心がけ、ようぼくらしい歩み方を進める中で、親神様と人間の〝究極の家族団欒〟である陽気ぐらし世界を目指していくのです。

道友社では、この大きな課題に真摯《しんし》に向き合ううえから、現代社会における信仰者のあり方を見つめ直すとともに、一れつきょうだいの絆を結ぶ一助として、さらには「道と社会」の橋渡しとなることを願って、「きずな新書」を創刊いたします。

立教173年４月